Was,

wenn es nur so aussieht,
als wäre ich da?

Brenifier, Oscar/Després, Jacques:
Was, wenn es nur so aussieht, als wäre ich da?
Aus dem Französischen von Norbert Bolz
ISBN 978 3 522 30267 8

Die Originalausgabe erschien unter dem Titel
»Le livre des grands contraires philosophiques«
© 2007 by Éditions Nathan, Paris–France
Texte: Oscar Brenifier
Illustrationen: Jacques Després
Umschlagtypografie: Michael Kimmerle
Innentypografie: Bettina Wahl
Schrift: Pakenham Free, Rotis Sans
© der deutschen Ausgabe 2011 by Gabriel Verlag
(Thienemann Verlag GmbH), Stuttgart/Wien
Printed in France. Alle Rechte vorbehalten.

5 4 3 2 1°   11 12 13 14

www.gabriel-verlag.de

Wir empfehlen
Ihnen unseren Leitfaden
KINDER
>> BRAUCHEN <<
>> WERTE
Was in den Büchern des
Gabriel Verlags steckt
oder informieren Sie sich unter:
www.thienemann.de/
paedagogen

Oscar Brenifier

Was,
wenn es nur so aussieht,
als wäre ich da?

Mit Illustrationen von
Jacques Després

Aus dem Französischen von
Norbert Bolz

Gabriel

Eines und Vieles 8–13

Endlich und Unendlich 14–19

Sein und Schein 20–25

Freiheit und Notwendigkeit 26–31

Vernunft und Leidenschaft 32–37

Natur und Kultur 38–43

Zeit und Ewigkeit 44–49

Das Ich und der Andere 50–55

Körper und Geist 56–61

Aktiv und Passiv 62–67

Objektiv und Subjektiv 68–73

Ursache und Wirkung 74–79

Warum denken wir über Gegensätze nach?

Ohne Gegensätze kann man
nicht denken.
Von dieser Notwendigkeit geht
unser Buch aus.

Wir lernen Gegensätze schon kennen, wenn wir noch ganz klein sind. Dann erfahren wir, dass Begriffe einander entgegengesetzt sind und dass man den einen Begriff nur versteht, weil es den anderen gibt: Das Hohe ist der Gegensatz des Niedrigen, das Kalte ist der Gegensatz des Heißen, die Dunkelheit ist der Gegensatz des Lichts.

Mit den Jahren wird unser Denken komplexer. Wir sind nun fähig, mit abstrakteren Begriffen und vielschichtigeren Ideen umzugehen. Aber nach wie vor brauchen wir Gegensätze. Denn diese großen universellen Gegenüberstellungen ermöglichen es unserem Geist, überhaupt zu denken, ganz gleich ob als groß gewordenes Kind oder als großer Philosoph. Wie soll man den Geist begreifen, wenn man ihn nicht dem Körper gegenüberstellt? Wie soll man das Unendliche ohne das Endliche verstehen? Wie das Sein ohne den Schein?

Es zeigt sich bei jedem dieser Begriffspaare, dass man beide immer gleichermaßen braucht: Auch wenn uns das eine einleuchtender oder wichtiger zu sein scheint, auch wenn uns das andere erschreckt oder undenkbar erscheint. Wir versuchen manchmal, dieser Spannung zu entkommen, indem wir die Gegensätze verschmelzen, sie vergessen oder sie so deuten, dass sie sich ergänzen – und warum nicht ...

Dieses Buch will uns mit seinen Texten und Bildern dazu anregen, über die Einheit des Seins nachzusinnen, die man durch all seine Gegensätze hindurch erahnen kann. Es weckt die Lust, an die Grenzen unseres Denkens zu gelangen – ganz unabhängig davon, wie alt wir sind.

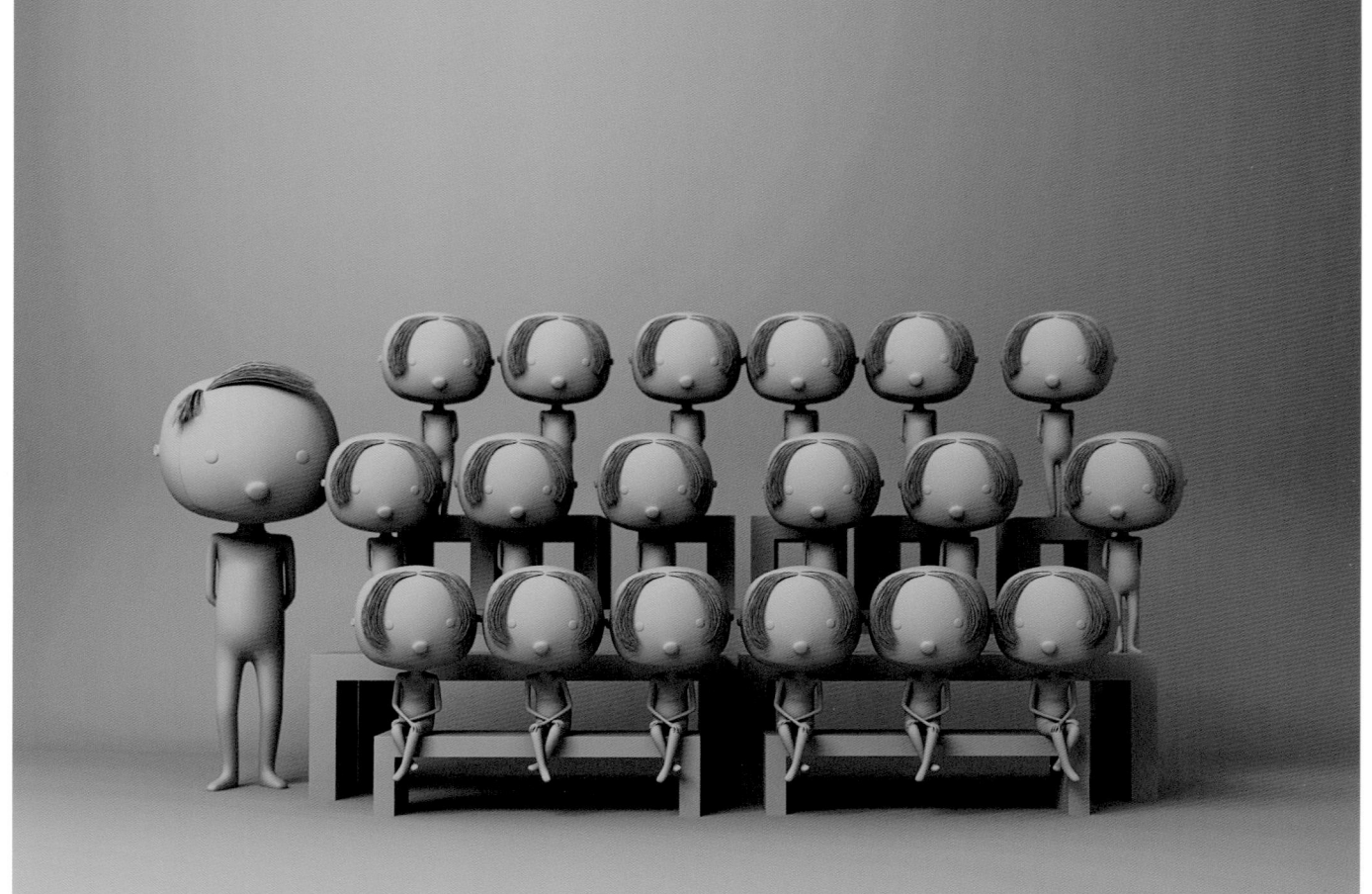

Die Einheit
lässt uns etwas aus vielen Teilen Zusammen-
gesetztes als ein einziges Ding sehen, zum Beispiel
eine Schulklasse. Gleichgültig wie groß die Zahl
der Schüler ist, aus denen sie besteht. Wir
betrachten sie als unteilbares Ganzes.

Die Vielheit
lässt uns eine Sache in ihre vielfältigen
Elemente zergliedern. Wir haben dann nicht
mehr die Schulklasse vor Augen, sondern ganz
unterschiedliche Schüler
und Schülerinnen.

Ist ein Gegenstand ein Gegenstand
oder eher eine Verbindung von Elementen,
eine Menge kleiner Teilchen?

Alles, was wir kennen, ist zugleich ein Ding und mehrere Dinge.
Je nachdem, was wir vorhaben oder sagen wollen, verwenden wir die
Einheit oder die Vielheit. Wenn wir einer Sache einen Namen geben
oder sie in eine Kategorie einordnen wollen, muss es ein einziges Ding
sein, zum Beispiel ein Roboter. Wenn wir sie beschreiben oder verstehen
wollen, muss sie aus mehreren Dingen bestehen, zum Beispiel aus den
Teilen, aus denen sich der Roboter zusammensetzt und die ihn in Gang
bringen. So erklärt sich auch, warum wir uns selbst als eine einzige
Person mit eigener Identität empfinden und doch zugleich auch als
mehrere, mit unseren wechselnden Stimmungen, unseren unterschied-
lichen Ideen und unseren Widersprüchen.

Endlich
nennen wir das, wovon wir den Anfang,
das Ende und die Ränder wahrnehmen können.
Da, wo unser Blick verharrt,
sehen wir die Form. Ein Kreis ist endlich, wenn
man seinen Mittelpunkt kennt und seinen
Umfang bestimmen kann.

Unendlich
nennen wir etwas, dessen Grenzen
wir nicht kennen, seine Größe, seinen Ursprung
oder sein Ende. Ein Kreis ist unendlich,
wenn man seine Begrenzungen nicht
erkennen kann, ihn nicht ausmessen
oder begreifen kann.

Ist das Universum ein Sandkorn im
unermesslichen Nichts ...

... oder eine Unermesslichkeit, die so groß ist,
dass man sie weder verstehen noch
sich vorstellen kann?

Das Endliche steht im Gegensatz zum Unendlichen – und dennoch: Man kann das Unendliche nicht verstehen, wenn man nicht immer weiter mit endlichen Zahlen rechnet: 1, 2, 3, 4 ... Ebenso kann auch jede endliche Zahl bis ins Unendliche geteilt werden: 4, 2, 1, ½, ¼ ... So kann sich auch jedes Staubkorn zerteilen – so lange, bis unser Vorstellungsvermögen überfordert ist. Auf die gleiche Weise können sich alle Staubkörner bis ins Unendliche vervielfältigen. Folglich ist das Universum eine aus endlichen Gegenständen zusammengesetzte Unendlichkeit von Unendlichkeiten.

Unser Geist verliert sich in der Unermesslichkeit des Universums, und dennoch zieht uns diese Unendlichkeit an. Als ob wir sie für die Erkenntnis dessen benötigten, wo wir uns befinden, wer wir sind und welches unsere Anteile am Endlichen und am Unendlichen sind.

Das Sein

ist das Herz eines Dings oder eines Lebewesens.
Es ist seine tiefe Wirklichkeit, jene, die sich in keiner
Hinsicht und unter keinen Umständen verändert.
Ein Fisch kann ein Fisch sein, selbst wenn
er nicht so aussieht.

Durch das Aussehen
oder die Erscheinung können wir ein Ding
oder ein Lebewesen verstehen, indem wir es
sehen, hören, berühren oder benutzen.
Ein Fisch kann kein Fisch sein, selbst wenn
er so aussieht.

Zeigt sich das Sein immer in der Erscheinung?

Oft können wir die Dinge aufgrund ihrer Erscheinung erkennen. So verstehen wir Ideen und Gefühle durch Worte und Gesten. Die Dinge hätten keine Wirklichkeit für uns, wenn wir sie nicht wahrnehmen und gebrauchen würden. Ein Beispiel: Ist ein geplatzter Luftballon noch ein Luftballon? Manchmal trügt der Schein. Es kann sein, dass die Erscheinungen gar nicht dem entsprechen, was sie vorgeben zu sein. Man kann behaupten, dass man niemals versteht, was eine Person oder ein Ding wirklich ist. Ich war einmal ein winziger Embryo, dann werde ich ein Erwachsener sein – und schließlich ein zu Staub zerfallendes Skelett. Wie soll ich wissen, wer ich wirklich bin?

Freiheit
ist die Möglichkeit, aus sich selbst heraus
zu wählen, was man denkt, was man tut,
was man liebt, wohin man geht, wie
man sich verhält ...

Notwendigkeit
heißt, dass man nicht wählen kann.
Sie ist das, was uns aufgezwungen wird
und uns einschränkt. Der Notwendigkeit
muss man sich fügen.

Kann es Freiheit geben,
wenn man die Notwendigkeit ignoriert?

Oft denken wir, Freiheit bedeute, dass wir alles tun können, was wir wollen – ohne Grenzen und ohne Verpflichtungen. Doch dazu müsste man ein Gott sein, der fähig ist, alles zu beherrschen.

Aber das gesellschaftliche Leben zwingt uns dazu, Regeln zu befolgen. Und auch die Natur unterwirft uns ihrem Gesetz. Niemand hat es sich ausgesucht, als Junge oder als Mädchen auf die Welt zu kommen. Jedermann muss essen, trinken und schlafen, um zu überleben.

Alles, was existiert, ist nur frei im Rahmen der Beschränkungen, die ihm auferlegt sind.

Die Freiheit von uns Menschen ist sehr groß, denn wir sind in der Lage, eine Wahl zu treffen und Verantwortung zu übernehmen.

Und genau das macht es kompliziert: Gerade weil wir diese ungeheure Freiheit haben, zögern wir, die richtige Entscheidung zu treffen.

Die anderen verspotten uns, wenn wir uns irren. Wir müssen nachdenken. Wir fühlen uns schuldig, wenn wir irgendetwas tun, was nicht gut ist. Aber es ist eben dieses Bewusstsein, dieses Gewissen, das uns wirklich Großes leisten lässt. Es unterscheidet uns von den Tieren und macht uns erst wahrhaft zu Menschen.

Die Vernunft
ist die Fähigkeit nachzudenken, bevor wir handeln,
alles, was existiert, zu befragen und zu untersuchen.
Und sie erlaubt uns die Folgen unseres Handelns
so gut wie möglich vorauszusehen. Die Vernunft ist
daher auch der Wille, die Dinge logisch zu erklären,
um sie zu begreifen und zu steuern.

Die Leidenschaft
ist eine Regung des Herzens und des
Geistes, der man erliegt, ohne sie steuern
oder ihr widerstehen zu können. Sie ist
eine unwillkürliche Anziehungskraft,
die uns einer Sache, einem Menschen,
einer Idee oder einer Tätigkeit
entgegentreibt.

Soll man seiner Vernunft oder seiner Leidenschaft folgen?

Bei manchen Menschen sieht es so aus, als seien sie eher von ihren Leidenschaften getrieben. Sie gehorchen ihren Wünschen, ihren Begierden und ihren ganz persönlichen Gefühlen. Andere wiederum scheinen von ihrer Vernunft bestimmt zu sein. Sie durchdenken alles und wollen alles erklären.

Aber wenn man näher hinschaut, bemerkt man, dass ein jeder von uns zwischen Vernunft und Leidenschaft hin- und herschwankt. In bestimmten Augenblicken können wir der Leidenschaft nicht widerstehen, etwa wenn wir verliebt sind. In anderen Situationen leitet uns die Vernunft, wenn wir uns beispielsweise bewusst machen, dass wir arbeiten müssen, um zu leben. Aber auch wenn wir Vernunft und Leidenschaft oft als Gegensätze erleben, können wir gerade dann schöpferisch und innovativ sein, wenn wir beides miteinander verbinden. Das Genie ist vielleicht in allen Bereichen, in der Wissenschaft genauso wie in den Künsten, nichts anderes als eine besonders feine Verbindung dieser zwei Seiten unserer Persönlichkeit, die nicht immer gut zusammenpassen.

Die Natur
existiert unabhängig vom Menschen. Sie umfasst die
Pflanzen- und die Tierwelt, die Felsen und die Berge, die Ströme und
die Meere, den menschlichen Körper und sein Gehirn.
Die Natur ist darüber hinaus auch die Grundlage für das Leben
und das, was dazu notwendig ist.

Die Kultur

dagegen ist das Ergebnis menschlicher Intelligenz: Sprache,
Ideen, Kunst, Wissenschaft und Technik, sowie die Werke und
Leistungen, die daraus folgen und die Welt verändern.
Zur Kultur gehören auch Sitten und Bräuche, Rituale und
religiöse Überzeugungen, die die Menschen derselben
Gesellschaft verbinden.

Kann der Mensch durch seine Kultur über
seine Natur hinauswachsen?

Natur | Kultur | 3

Weil wir dem großen Kreislauf der Natur angehören, müssen wir alle sterben. Und weil uns die Natur ein Gehirn geschenkt hat, das komplexer ist als das der Tiere, wissen wir auch alle, dass wir sterben werden – selbst wenn die Medizin es schafft, die Grenzen des Todes hinauszuschieben. Diese Gewissheit treibt uns an, unserem Leben einen Sinn zu geben und unsere Spuren auf der Erde zu hinterlassen. Deshalb denken wir, deshalb erschaffen wir Kunstwerke, erfinden und erzeugen die unterschiedlichsten Dinge. Deshalb gestalten wir die Welt und erobern den Weltraum. Und deshalb bauen wir Gräber für unsere Toten. Denn wenn unsere Kultur auch nicht unsere sterbliche Natur überwinden kann, so hilft sie uns doch, uns unserer Natur bewusst zu werden, sie zu akzeptieren und über sie hinauszuwachsen.

Die Zeit
ist die Bewegung,
die Aufeinanderfolge der Ereignisse,
in der sich die Menschen und Dinge
verändern. Die Zeit beginnt und
beendet alles, was geschieht.
Sie ist die Vergangenheit, die Gegen-
wart und die Zukunft.

Die Ewigkeit

ist das, was andauert
oder anzudauern scheint, ohne jemals
aufhören zu müssen, oder mehr noch:
Sie ist das, was sich nicht verändert
oder niemals verändern wird. Die
Ewigkeit scheint außerhalb der Zeit
und ihrer Macht zu liegen.

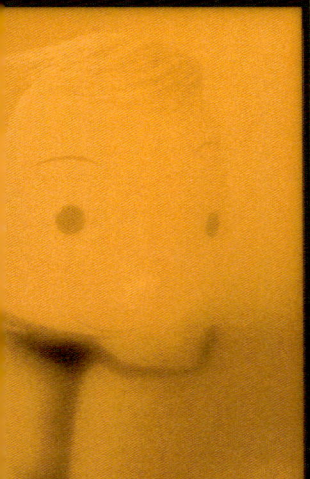

Kann **die Zeit eine Ewigkeit** andauern?

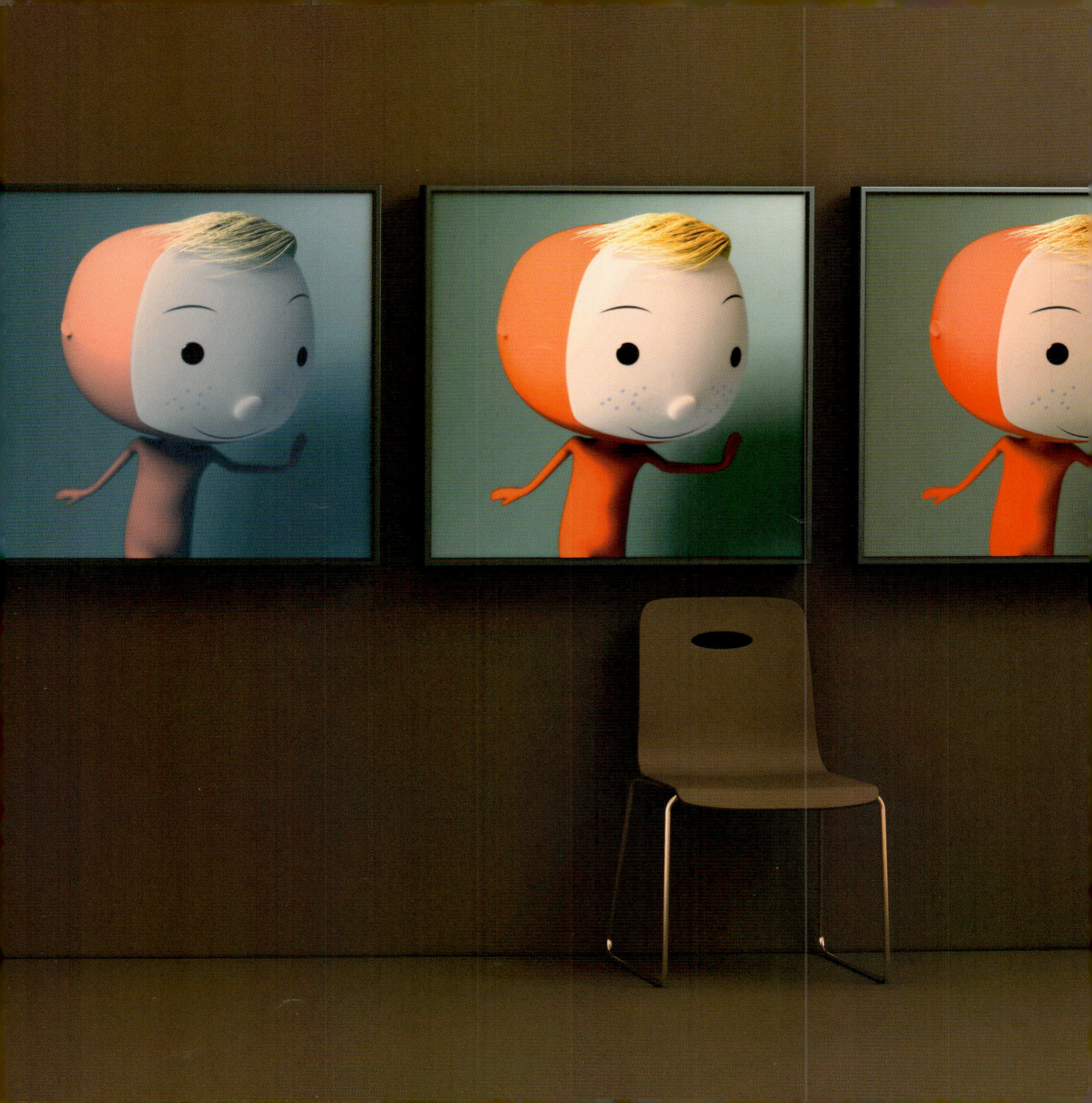

Wir werden geboren, wir wachsen auf, wir sterben. Unser Leben währt also eine bestimmte Zeitspanne. Doch wenn wir etwas tun, was uns wirklich gefällt, scheint die Zeit stillzustehen. Wir fühlen uns »zeitlos«. Aber die Ewigkeit ist unermesslich, viel länger als die Zeit, die seit dem Urknall vergangen ist. Es ist für uns schwer, diese endlose Zeit zu verstehen oder sie uns vorzustellen – eine Zeit, in der es die Zeit nicht mehr gibt. Für einige ist die einzig mögliche Vorstellung, die man von dieser Idee haben kann, das Konzept eines unwandelbaren Gottes. Dennoch brauchen wir die Zeit und die Ewigkeit zugleich, um das Veränderliche oder das Unveränderliche unserer Umwelt und unserer Existenz denken zu können. Wir können nicht Mensch sein, wenn es in uns nicht irgendetwas gibt, was sich nicht ändert – irgendetwas, das von unserer Entstehung bis zu unserem Tod beständig bleibt. Und gleichzeitig können wir keine lebendigen Wesen sein, wenn wir nicht mit jedem Augenblick älter werden.
Gewiss sind wir zugleich ewig und sterblich.

Das Ich

ist meine Individualität. Es ist das, was mich zu
einer unterscheidbaren, besonderen und unersetzbaren Person
macht – mit einem Namen, einem Aussehen, mit Neigungen
und Gefühlen, einer Persönlichkeit und einem Denken,
die nur mir vorbehalten sind.

Der Andere

ist derjenige, der nicht Ich ist, der einen Körper und einen Geist besitzt, die nicht die meinen sind. Aber genau wie ich hat er einen Namen, ein Aussehen, Neigungen und Gefühle, eine Persönlichkeit und ein Denken, die nur ihm vorbehalten sind.

Ist jeder Mensch
ein einzigartiges Ich
oder ein Ich, das allen
anderen gleicht?

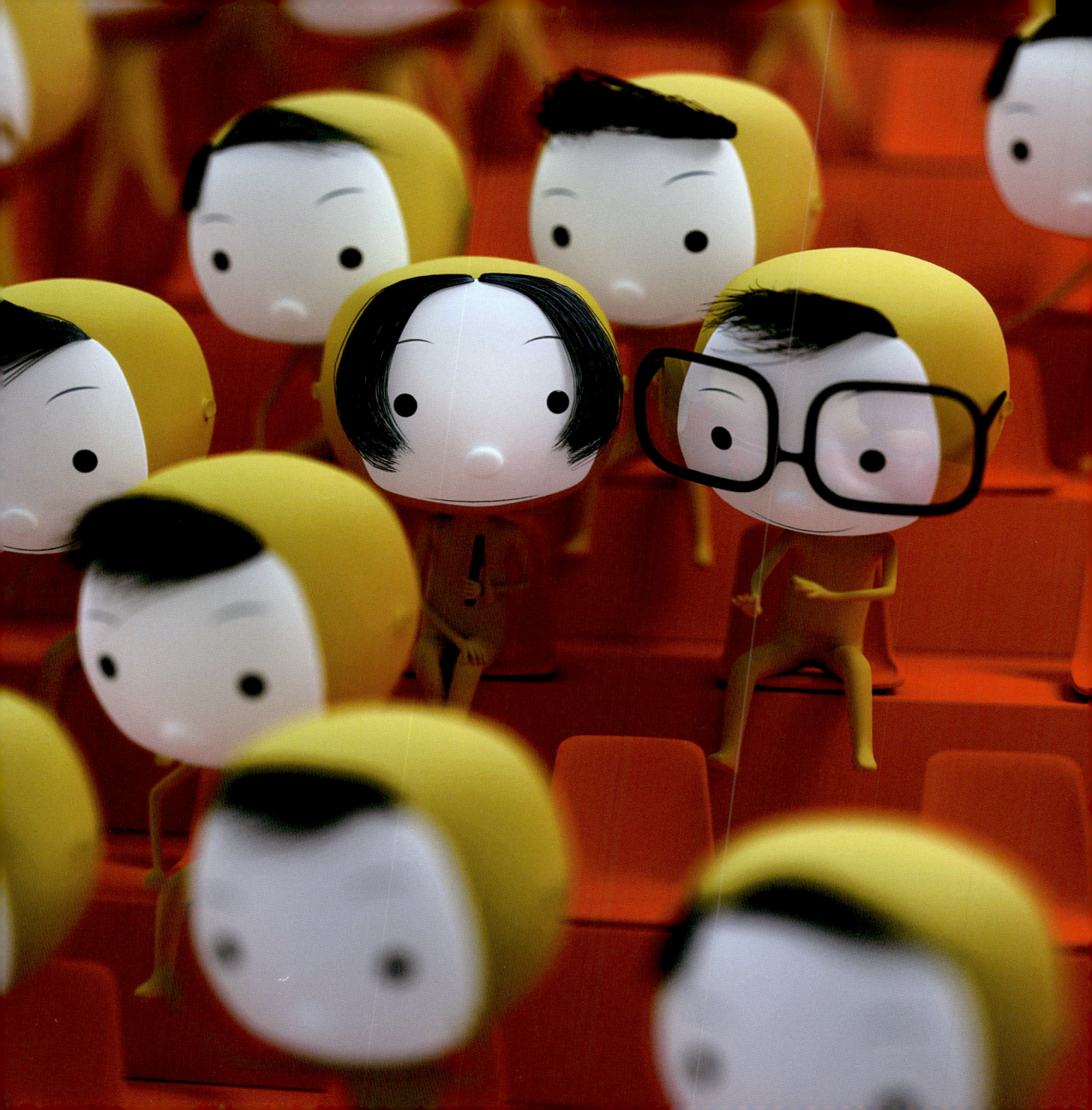

Jeder von uns ist einzigartig und soll in seiner Individualität anerkannt und respektiert werden. Doch weil wir alle Menschen sind, weil wir zusammenleben – in der Familie und in der Gesellschaft –, haben wir vieles gemeinsam. Obendrein sind wir alle miteinander verbunden. Schon weil wir geboren werden und lernen müssen, kann niemand ganz allein existieren. Aber oft verstehen uns die anderen nicht. Außerdem kommt es vor, dass wir uns selbst nicht verstehen oder uns selbst überraschen – im Guten wie im Bösen. Doch wir erkennen uns in den anderen wieder, wenn sie uns gefallen, wenn sie leiden oder denken wie wir. Und indem wir uns mit ihnen vergleichen, fühlen wir, worin wir ihnen ähnlich sind und worin wir uns von ihnen unterscheiden. Das führt dazu, dass wir uns selbst besser verstehen.

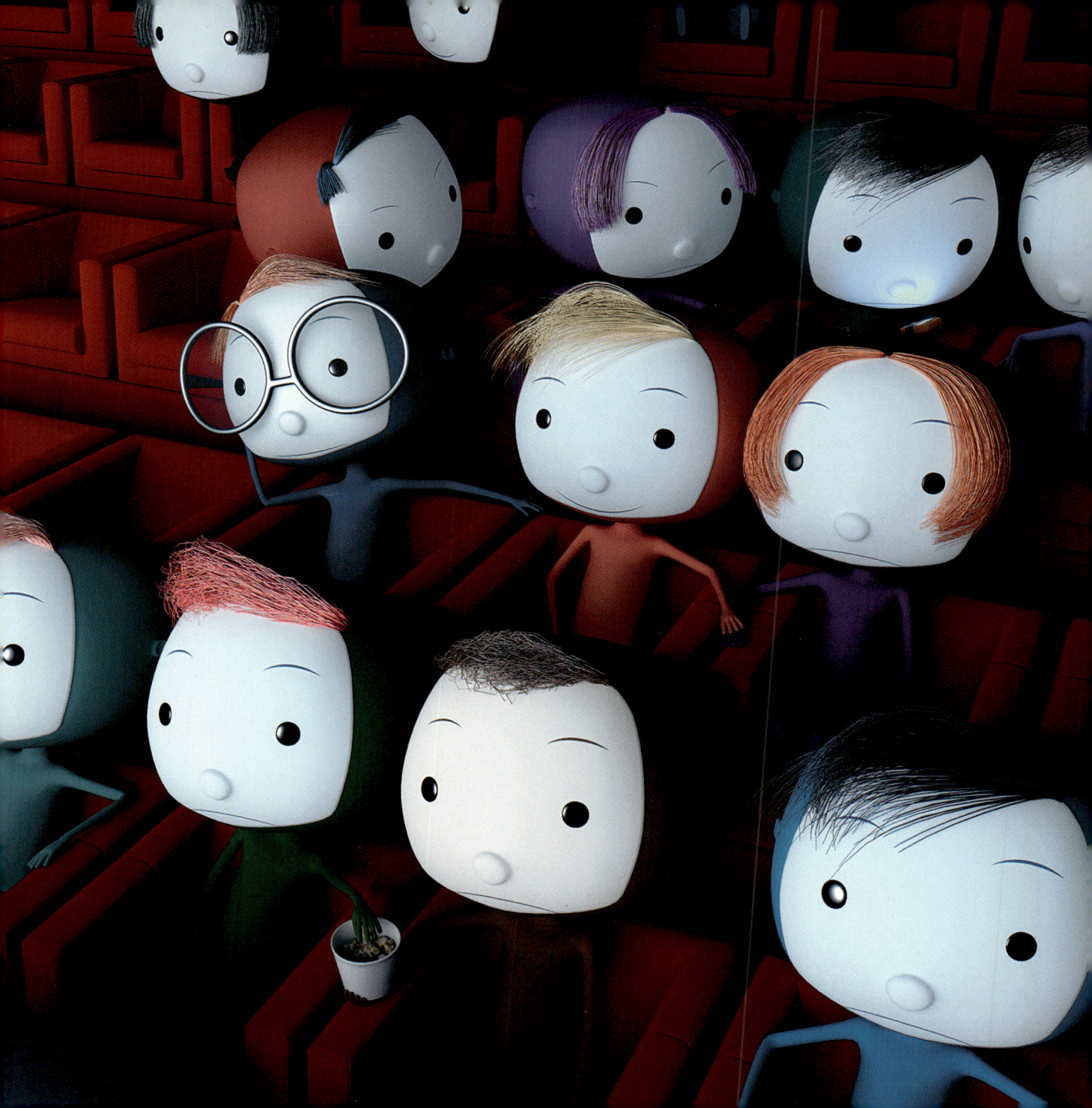

Der Körper
ist unser materielles Sein, das aus Fleisch und Knochen
besteht. Sein Dasein hat eine Frist, die mit der Geburt beginnt
und mit dem Tod endet. Er ist für uns unentbehrlich, denn
ohne Körper können wir nicht leben.
Deshalb müssen wir ihn nähren, kleiden, schützen, pflegen
und all seine Bedürfnisse befriedigen.

Der Geist

ist unser unkörperliches Sein, das uns menschlich macht.
Ohne den Geist wären wir nur ein Tier unter anderen Tieren.
Der Geist verleiht uns Vernunft und Bewusstsein. Er lässt uns große
und schöne Dinge vollbringen, über uns selbst hinauswachsen, lässt
uns verstehen, erfinden und träumen.

Ist der Mensch ein in Raum und Zeit
begrenzter **Körper** oder reiner **Geist**,
der sich nirgends befindet, dem es gelingt,
das ganze Universum und
die gesamte Geschichte zu denken,
und der beanspruchen kann,
unsterblich zu sein?

Körper | Geist 3

Körper und Geist befinden sich oft im Widerspruch zueinander, ja
sogar im Streit, denn sie haben nicht dieselben Bedürfnisse, Freuden
oder Interessen. Doch Körper und Geist stehen in einer wechselseitigen
Beziehung. So beeinflussen sie sich gegenseitig und ergänzen sich, da
jeder der beiden genau das leisten kann, was der andere nicht vermag.
Bleibt nur die Frage, wer von den beiden am Ende über den anderen
herrschen soll. Denn jeder vergisst auf seine Weise ständig, dass er
nicht allein ist – der Körper mit seinen körperlichen Bedürfnissen
und der Geist mit seinen geistigen. Schließlich ist die Nahrung des
Körpers nicht dieselbe wie die Nahrung des Geistes.

Aktiv

nennen wir das, was auf eine
andere Sache einwirkt: etwa ein Ruderer
auf ein Boot oder ein Stein, der einen anderen
Stein angestoßen hat, die Sonne, die scheint,
oder eine Idee, die uns zum Träumen bringt.
Alles, was aktiv ist, ist der Auslöser
für etwas, wirkt auf andere Dinge ein
und verändert sie.

Passiv
ist das, auf das etwas anderes einwirkt:
etwa ein Ruderer, der sich von der Welle tragen
lässt, oder jemand, der sich nicht entscheidet, der
Schnee, der wegen der Hitze schmilzt, oder das
Vergnügen, das uns ein guter Film bereitet.
Alles, was passiv ist, ist durch etwas
bestimmt, das außerhalb
von ihm ist.

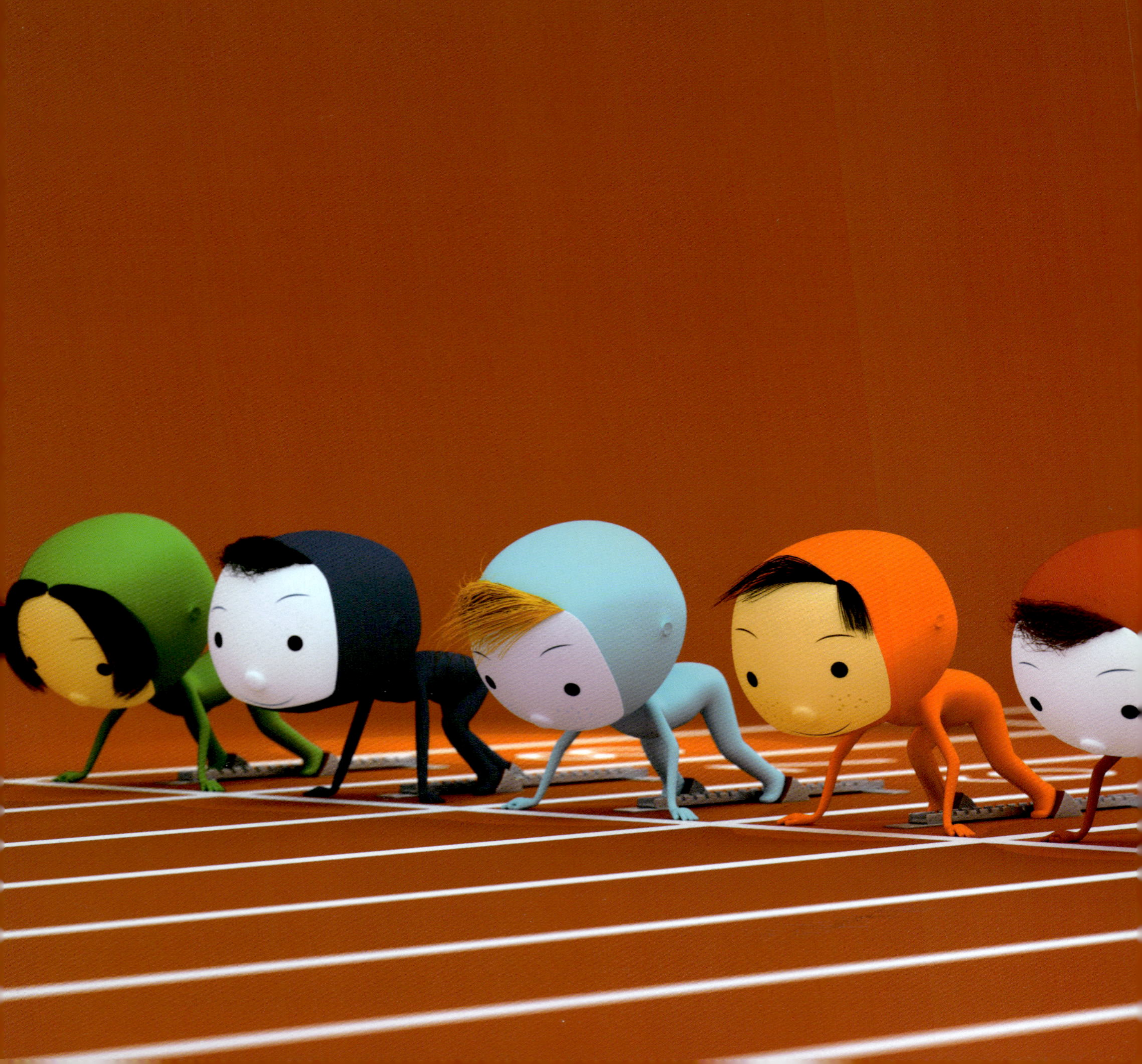

Ist warten **aktiv** oder **passiv**?

Manchmal hegen wir einen starken Wunsch, wir setzen alle Hebel in Bewegung, um ihn Wirklichkeit werden zu lassen, aber unsere Bemühungen führen zu nichts. Manchmal ist es aber auch umgekehrt so, dass sich, wenn wir nichts anderes tun als zu warten, die Dinge von selbst ereignen, wenn wir nur geduldig sind. Dann kommt es uns so vor, als hätte unsere Passivität »gehandelt«. Sind wir dann aktiv oder passiv?

Vielleicht muss man ja schon auf sich selbst eingewirkt haben, um warten zu können. Genauso halten wir die Mauer, die das Dach des Hauses trägt, für passiv – bis zu dem Tag, an dem sie einstürzt. Dann begreifen wir, dass sie zuvor sehr wirkungsvoll »gehandelt« hat. Gewiss können wir daraus schließen, dass alles auf alles wirkt, ohne dass wir es bemerken: Alles kann folglich gleichermaßen als aktiv und passiv gesehen werden.

Eine Vorstellung ist objektiv,
wenn sie nicht von demjenigen abhängt, der spricht. Sie stellt die Wirklichkeit
genau dar, ohne sie zu verändern, ohne dass der, der die Vorstellung äußert,
persönliche Elemente einfließen lässt. Man sagt, eine Vorstellung sei objektiv,
wenn man ihre Aussagen beobachten oder beweisen kann, wenn sie durch
Erfahrung bezeugt wurde oder wenn sie für viele Leute wahr ist.

Eine Vorstellung ist subjektiv,
wenn sie nur uns selbst widerspiegelt, weil sie von unserer
Denkweise, unserem Charakter, unseren Launen oder unseren
Gefühlen abhängt. Sie entspringt unseren persönlichen Erfahrungen,
unseren Überzeugungen und der Art und Weise, wie wir die
Welt betrachten. Sie bringt das Besondere unseres individuellen
Lebensentwurfs, unsere Lebensart zum Ausdruck.

Kann ein einziger Mensch eine objektive Wahrheit
zum Ausdruck bringen?

Wenn wir traurig sind, behaupten wir, dass das Glas halb leer ist. Wenn wir fröhlich sind, behaupten wir, dass es halb voll ist. Aber wir können den Inhalt auch messen und behaupten, dass das Glas sechs Zentiliter enthält.

Doch als Wissenschaftler zum ersten Mal behaupteten, die Erde sei rund, schwere Gegenstände könnten fliegen oder Krankheiten würden von Mikroben verursacht, hat man sie beschuldigt, gefährliche eigene Vorstellungen zu verbreiten oder verrückt zu sein. Wenn dagegen ein Musiker oder ein Dichter seine persönlichen Empfindungen zum Ausdruck bringt, scheinen sie das beschreiben zu können, was jeder kennt: die Liebe, den Schmerz, die Freude ...

Um die Objektivität zu entdecken, müssen wir also manchmal bis zum Äußersten unserer Subjektivität gehen – und manchmal müssen wir sie völlig aufgeben.

Die Ursache
lässt etwas Neues entstehen, sie ruft eine
Veränderung hervor. Die Ursache trägt dazu bei, dass
sich etwas ereignet. Alles, was geschieht, hat eine Ursache.
Nichts passiert, was nicht durch irgendetwas
hervorgerufen worden ist.

Die Wirkung

ist die Folge von etwas. Sie ist das,
was durch eine Ursache hervorgerufen wird.
Alles, was es gibt, alles Dasein ist die Wirkung von
etwas und erzeugt selbst Wirkungen.

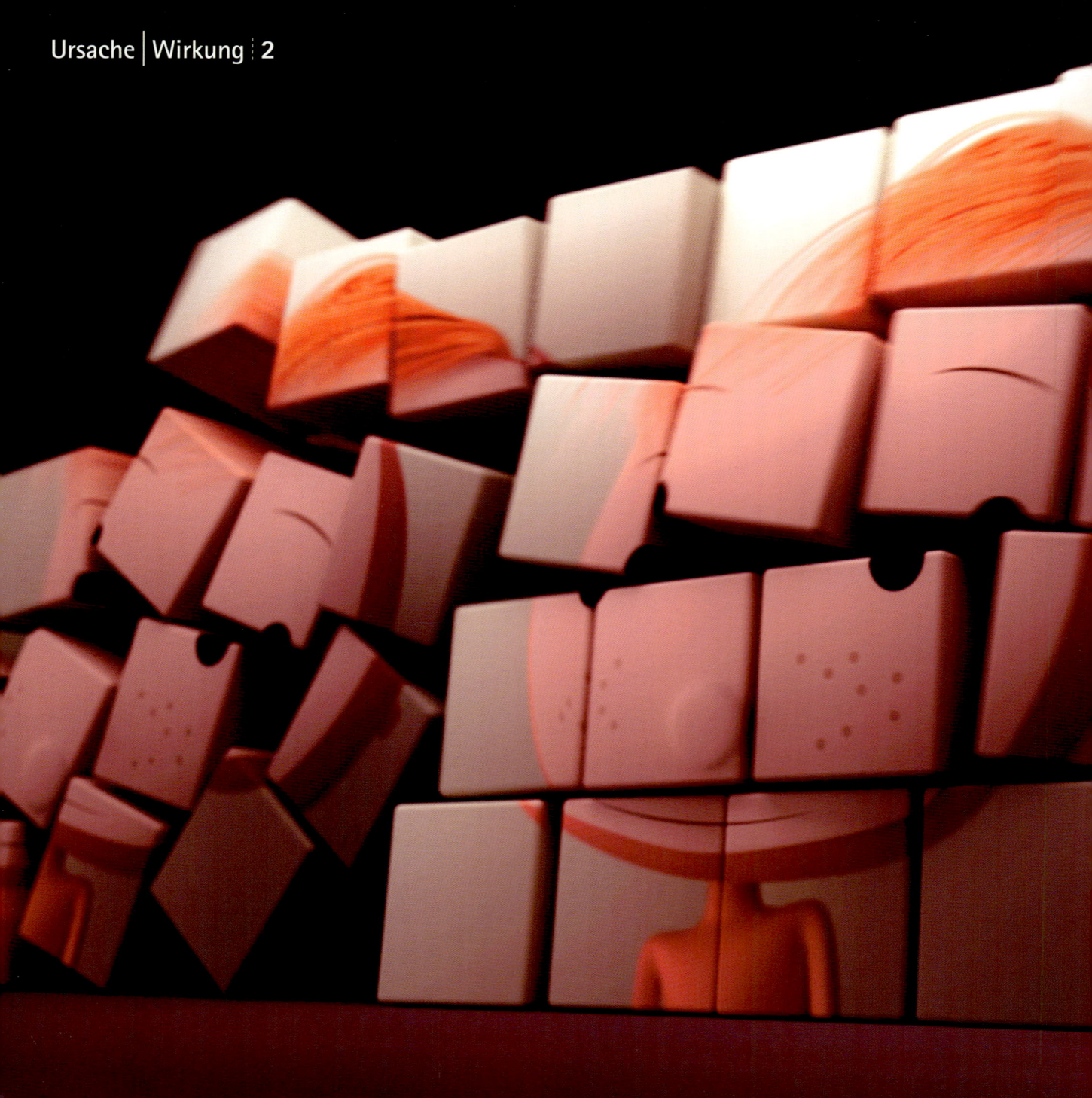

Ist mein Dasein eher das Ergebnis vielfacher Ursachen, oder wurde es eher durch eine Reihe von Wirkungen ausgelöst?

Ursache | Wirkung | 3

Wir handeln immerzu, in jedem Augenblick erzeugen wir Wirkungen um uns herum. Aber sehr oft sind wir uns dieser Wirkungen nicht bewusst. Genauso vergessen wir alles, was uns hervorgebracht hat, was uns am Leben erhält und uns verändert, denn zu viele Ursachen, zu viele unterschiedliche Gründe haben zu unserem Dasein und unserer Lebensart geführt. Wir leben in einem großen Dominospiel, in einer langen, sehr komplexen Verkettung, in der nichts ohne Grund geschieht, in der nichts ohne Wirkung bleibt und in der alles am Ende miteinander verknüpft zu sein scheint. Wir hängen alle von den Umständen und Handlungen der anderen ab, und zwar in einem Grade, dass wir uns manchmal fragen, wo unsere Freiheit geblieben ist.